AF211473

LUSTIGE, FIESE
UND ABARTIGE WITZE!

LACH-GARANTIE

++LACH-GARANTIE++

Lustige, fiese und abartige Witze - Frauenausgabe

Bibliographische Information der Deutschen Bibliothek:

Die Deutsche Bibliothek verzeichnet diese Publikation in der Deutschen Nationalbibliographie. Detaillierte bibliographische Daten sind im Internet über **http://dnb.ddb.de** abrufbar.

Lag Sag und Cheng Chel Chlopher:
Lustige, fiese und abartige Witze - Frauenausgabe

Website zum Buch: www.feuchtewitze.de

ISBN 978-3-8448-0553-6

Design: Florian Thomas
© 2011 Dirk Mayer

Herstellung und Verlag:
Books on Demand GmbH, Norderstedt

LACH-GARANTIE

LUSTIGE, FIESE UND ABARTIGE WITZE!

Haftungsausschluss

Die Autoren bzw. Herausgeber übernehmen keinerlei Gewähr für die Richtigkeit, Vollständigkeit und Aktualität der im Buch bereitge-stellten Informationen.

Haftungsansprüche gegen die Autoren bzw. Herausgeber, welche sich auf Schäden materieller oder immaterieller Art beziehen, welche durch die Nutzung oder Nichtnutzung der dargebotenen Informationen beziehungsweise durch die Nutzung fehlerhafter und / oder unvollständiger Informationen verursacht wurden, sind grundsätzlich ausgeschlossen.

Web 2.0

Wir haben speziell für das Buch eine Webseite ins Leben gerufen. Schaut mal hier vorbei:

www.feuchtewitze.de

Habt ihr auch ein paar coole Witze auf Lager? Wir veröffent-lichen eure Witze, die zu gut, witzig oder krass sind, um nur von euch alleine gelesen zu werden.

Im Webshop könnt ihr T-Shirts mit euren Witzen darauf erwer-ben. Zudem gibt es hier das Buch mit Extras.
Wir planen außerdem noch Klopapier mit einigen Witzen aus dem Buch zu bedrucken. Auch das wird es dann über die Webseite zu erwerben geben.

Ihr seid natürlich auch herzlich eingeladen unsere Facebook Fanpage zu besuchen:

www.facebook.com/feuchtewitze

Geschmäcker sind verschieden

Die Auswahl der Witze im Buch stellt keine zufällige Auswahl dar, sondern eine vorher an einer Hörerschaft getestete Zusammenstellung. Dazu erhielt ein Kreis von 50 Personen einen Katalog von ca. 800 Witzen zur Bewertung vorgelegt. Darunter befanden sich Witze aus allen möglichen Bereichen wie etwa „Blondinenwitze", „Nationalitäten Witze", „Versaute Witze" und so weiter.

Die Witze mit den besten Bewertungen haben es letztendlich in das Buch geschafft. Interessanterweise finden sich unter den am besten bewerteten Witzen nicht nur Exoten, die man vielleicht zum ersten Mal liest, sondern auch eine ganze Reihe von Klassikern.

Bei ungefähr 40 % der Witze gab es beim Rating große Unterschiede zwischen den weiblichen und männlichen Testpersonen. So wurden Witze durch die Bank von den weiblichen Testpersonen super bewertet, die männlichen Testpersonen konnten diesen Witzen jedoch nicht viel abgewinnen. Umgekehrt trat dies ebenfalls auf.

Aus diesem Grund haben wir uns auch dazu entschieden, sowohl für die weibliche als auch männliche Leserschaft eine eigene Ausgabe zu publizieren, die jeweils auf einen gemeinsamen Witze Pool zurückgreift, aber eben auch für das jeweilige Geschlecht ein zusätzliches Witze Paket beinhaltet.

Wir wünschen beiden Geschlechtern viele Schmunzler und Lacher!

Härtegrade

*Die im Buch vorgestellten Witze sind in drei Kategorien einge-
teilt. Je mehr Clowns eine Kategorie aufweist, desto „härter"
fallen die einzelnen Witze aus.*

Die genaue Bedeutung der Härtegrade könnt ihr hier ablesen:

Lustige Witze **Einfacher Härtegrad.**	*Die Witze in dieser Kategorie regen einfach die gute Laune an. Man kann sie vorbehaltslos überall erzählen, ohne böse Blicke zu riskieren.*
Fiese Witze **Mittlerer Härtegrad.**	*Diese Witze sind zum Teil schon ganz schön gemein und anzüglich und somit wohl nicht unbedingt für jedermanns Ohren bestimmt.*
Abartige Witze **Absoluter Härtegrad.**	*Die Witze sind fast alle unter der Gürtellinie, treffen aber wahrscheinlich gerade aus diesem Grund den Humor von Vielen. Hier kommt es noch mehr als bei den fiesen Witzen darauf an, in welcher Runde man die Witze erzählt...*

LUSTIGE, FIESE UND ABARTIGE WITZE!

LACH-GARANTIE

++LACH-GARANTIE++

Witze

Lustige-Witze

Fiese Witze

Abartige-Witze

Rotkäppchen geht durch den Wald. Da trifft es den bösen Wolf. „Ei, was hast du denn für große Augen?!". Meint der Wolf: „Nicht mal in Ruhe kacken kann man hier!".

Steht ein kleines Mädchen mit seinem neuen Mountainbike an der Ampel. Kommt ein Polizist auf einem Pferd angeritten und fragt: „Na, kleines Mädchen, hast du das Fahrrad vom Christkind bekommen?".
Antwortet das Mädchen: „Ja, hab ich!". Daraufhin entgegnet der Polizist: „Sorry, aber ich muss dir leider 20 Euro abnehmen. Sag dem Christkind nächstes Jahr, es soll dir ein Fahrrad mit Reflektoren schenken, okay?!". Das Mädchen fragt im Gegenzug: „Haben Sie das Pferd auch vom Christkind bekommen?". Der Polizist überlegt kurz und nickt dann. Meint das Mädchen: „Na, dann sagen Sie dem Christkind nächstes Jahr, dass das Arschloch hinten hinkommt, und nicht oben drauf!".

++LACH-GARANTIE++
LACH-GARANTIE
++LACH-GARANTIE++

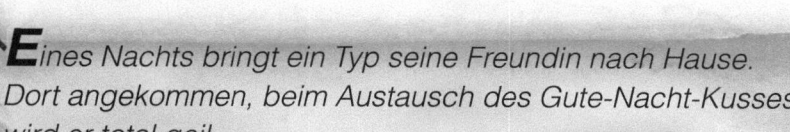

*E*ines Nachts bringt ein Typ seine Freundin nach Hause. Dort angekommen, beim Austausch des Gute-Nacht-Kusses wird er total geil.

Mit einem Anflug von Vertraulichkeit lehnt er sich mit der Hand an die Wand und sagt zu seiner Perle: „Liebling, ich bin total heiß auf dich! Würdest du mir noch bitte Einen blasen?" Sie antwortet entsetzt: „Bist Du verrückt?! Meine Eltern könnten uns sehen!". Er: „Hab dich nicht so! Wer sieht uns schon um diese Uhrzeit?". Sie: „Nein, bitte nicht! Kannst du Dir vorstellen, was passiert, wenn wir erwischt werden?!". Er: „Oh, bitte, bitte. Ich liebe Dich doch so sehr!" Sie: „Nein und nochmals nein! Ich liebe dich auch, aber ich kann das einfach nicht!". Er: „Freilich kannst du! Bitte!".

So läuft es noch eine ganze Weile. Plötzlich geht das Licht im Treppenhaus an und die kleine Schwester des Mädels erscheint blinzelnd im Pyjama und sagte verschlafen: „Papa sagt, mach hin und blas ihm Einen. Wenn nicht, kann auch Mama runterkommen und es machen oder ich. Wenn es sein muss, sagt Papa, kommt er selber runter und macht es. Aber um Gottes Willen, sag dem Arschloch, er soll seine Hand von der Sprechanlage nehmen!"

Die Lehrerin stellt Fritzchen eine Aufgabe: „Fünf Tauben sitzen auf einem Dach. Eine davon erschießt du. Wie viele sitzen dann noch da?

Fritzchen antwortet: „Keine. Der Schuss war so laut, da sind alle weggeflogen."

Die Lehrerin erwidert: „Das ist nicht die Antwort, die ich erwartet habe, aber ich mag die Art wie du denkst."

Ich habe auch eine Aufgabe für sie Frau Lehrerin:

„In einen Eiscafe sitzen 3 Frauen. Die Eine beißt ihr Eis, die Nächste lutscht ihr Eis und die Letzte saugt ihr Eis. Welche ist verheiratet?"

Antwortet die Lehrerin leicht errötet: „Die Letztere."

"Nein", meint Fritzchen, „die mit dem Ehering."

Aber ich mag die Art wie sie denken.

Der Freund ist das erste Mal bei den Eltern seiner neuen Flamme. Beim Essen verspürt er einen unglaublichen Drang zum Furzen. Er versucht sich noch, sich zusammen zu reißen, aber vergeblich. Leise, aber hörbar lässt er Einen fahren. Darauf raunzt der Vater den Hund unter dem Stuhl des Jungen an: „Hasso!". „Puh", denkt der sich: „Der Alte glaubt, dass es der Hund war!".
Einige Zeit später drückt es ihn wieder und er muss richtig laut furzen.
„Hasso!", ruft der Vater wieder. Der Freund ist beruhigt, dass es erneut gut gegangen ist.
Wenig später drückt es ihn jedoch dermaßen, dass er einen mörderlauten Furz raushauen muss.
„Hasso!", brüllt der Vater. „Komm endlich unter dem Stuhl hervor, bevor dir der Typ noch auf den Kopf scheisst!".

Sagt der zehnjährige Sohn zu seinem Vater: „Papa, kann ich mal deine Taschenlampe haben?"
„Wozu denn?" „Wir treffen uns heute Abend mit der Clique und ein paar Mädchen im Park und knutschen da ein bisschen 'rum." „Also, zu meiner Zeit konnten wir das auch im Dunkeln..." „Ja, so sieht Mama auch aus..."

Bei der nächtlichen Fahrt auf der Landstraße springt einem Mann plötzlich ein Frosch vor das Auto. Nach scharfer Bremsung springt der Mann aus dem Auto, nimmt den Frosch auf die Hand und trägt ihn zur anderen Straßenseite. Der Frosch bedankt sich: „Ich bin ein verzauberter Frosch, und weil Du so nett bist, hast Du jetzt einen Wunsch frei." Der Mann leicht verdattert: „Hm, was soll ich mir bloß wünschen. Vielleicht kannst Du meinen Hund gesund zaubern." „Gut lass mich ihn mal ansehen." Der Mann trägt den Frosch zum Auto, macht die Kofferraumklappe auf und zeigt auf einen Straßenköter übelster Ausprägung, gebrochene Rute, nur noch ein Auge, fahles Fell, also wirklich schlimm! Der Frosch erschrocken: „Oh je! Nein, das geht nicht! Soweit reichen meine Kräfte nun wirklich nicht! Aber ich bin ja nicht so. Du sollst trotzdem einen Wunsch erfüllt bekommen, vielleicht fällt Dir ja noch etwas anderes ein." Der Mann fängt wieder an zu grübeln. Nach kurzer Zeit: „Na ja, vielleicht kannst du meine Frau auf dem Beifahrersitz verschönern. Sie ist bereits in die Jahre gekommen und ich hätte sie gerne wieder so wie sie früher mal ausgesehen hat. Der Frosch: „Okay, zeig sie mir mal." Sie gehen nach vorne, der Mann zeigt dem Frosch seine Frau. Der Frosch daraufhin: „Kann ich den Hund noch mal sehen?"

*E*in Mann findet eine verkorkte Flasche am Strand. Er öffnet sie und ein Geist kommt heraus. Dieser sagt, dass der Finder einen Wunsch frei habe. „Ich habe solche Flugangst, aber ich möchte mal nach Hawaii, kannst Du nicht eine Autobahn herzaubern?" „Au, das ist sehr schwierig, wünsch Dir doch etwas anderes." „Gut, ich wünsche mir, dass ich Frauen verstehen kann, weiß wie sie fühlen und denken. Der Geist: „Willst Du die Autobahn zwei- oder dreispurig?"

*E*in Familienvater kauft sich einen Roboter, der eine Person schlägt, wenn sie lügt.
Der Vater zu seinem Sohn: „Wo warst du heute Vormittag?"
Der Sohn antwortet: „In der Schule." Der Roboter schlägt den Sohn.
Der Sohn korrigiert sich: „Ja okay, ich hab einen Porno angeschaut."
Daraufhin meint der Vater: „Also, als ich so klein war, hab ich so etwas noch gar nicht gekannt!"
Der Roboter schlägt den Vater. Die Mutter muss lachen und meint: „Tja, er ist eben dein Sohn."
Der Roboter schlägt die Mutter

Zwei Freundinnen beschließen, mal wieder so richtig auszugehen und einen „Frauensaufabend" zu machen.

Sturzbetrunken auf dem Heimweg am frühen Morgen haben sie das übliche dringende Bedürfnis. Aber weit und breit ist keine Toilette und kein Gebüsch, sondern nur ein Friedhof. Da es wirklich dringend ist, erledigen sie ihr Geschäft auf dem Friedhof. Beide haben aber nichts mehr zum Abwischen. Keine Taschentücher, einfach nichts.

Die Eine beschließt, den Slip zu opfern und wirft ihn dann weg. Die andere zögert. Ihr Slip ist ein neues, teures Designer-Modell, das sie erst kürzlich von ihrem Mann zum Geburtstag bekommen hat. Da sieht sie auf dem Grab nebenan einen Kranz mit einer Schleife.

„Zum Teufel mit der Schleife", denkt sie, „das ist ein Notfall." Sie reißt die Schleife ab und reinigt sich damit.

Am anderen Tag treffen sich die zwei Männer der Freundinnen. „So geht's nicht weiter!" sagt der Eine. „Wir müssen was unternehmen! Gestern kam meine Frau stockbesoffen nach Hause und hatte nicht einmal mehr das Höschen an!"

„Das ist ja noch gar nichts", meint der Andere, „meine hatte zwar das Höschen noch an, aber zwischen den Pobacken war noch ein rotes Band mit der Aufschrift: „Wir werden dich nie vergessen - Musikkappelle Grünwald!'"

*I*n einem Eisenbahnabteil sitzen eine umwerfende Blondine, eine Nonne, ein Holländer und ein Deutscher. Der Zug fährt in einen Tunnel und man hört den Knall einer Ohrfeige. Mit roter Wange sieht man den Holländer als der Zug aus dem Tunnel fährt.

Die Blondine denkt sich: Tja, da wollte er mich wohl angrabschen, hat aber die Nonne erwischt und die hat ihm Eine gelangt.

Die Nonne überlegt: Da ist er wohl der Blondine an die Wäsche und die hat ihm eine gegeben.

Der Holländer grübelt: Wie gemein, der Deutsche grabscht die Blondine an und ich bekomm Eine geklebt.

Der Deutsche lächelt und denkt sich: Hoffentlich kommt bald wieder ein Tunnel, dann knall ich dem Holländer noch mal Eine.

*F*allen zwei Tafeln Schokolade vom Tisch. Sagt die eine zur anderen: „Mist, ich hab mir ,ne Rippe gebrochen!"
Meint die andere: „Na und, ich bin voll auf die Nüsse gefallen!"

*D*er kleine Sohn fragt den Papa: „Was ist eigentlich eine Verlobung?" –Der Papa antwortet: „Eine Verlobung ist, wenn ich dir zu Weihnachten ein Fahrrad schenke, du aber erst zu Ostern damit fahren darfst!" Daraufhin meint der Junge: „Aber ein wenig klingeln wird man doch wohl vorher schon dürfen?"

Martin arbeitet sehr hart und lange im Büro, das Einzige was er sich ab und zu gönnt ist ein paar Kugeln beim Bowling zu schieben.

Seine Frau denkt, er ist zu hart zu sich selbst und überrascht ihn an seinem Geburtstag mit einem gemeinsamen Besuch im Strip Club im örtlichen Rotlichtviertel.

Als sie eintreten sagt der Türsteher, "He Martin, wie geht's, alles klar"?

Verstört fragt die Frau, "Woher kennst du denn den"? "Ach, vom Bowling", antwortet er, "wir teilen manchmal die Bahn"

Am Tisch kommt die Bedienung und fragt: "Hallo Martin, wie immer ein Pils und ein Korn"? Wieder fragt die Frau verstört: "Bist du sicher, dass du noch nie hier warst"? "Nein", antwortet Martin, "sie spielt im Damenteam Bowling am gleichen Abend wie wir".

Eine Stripperin kommt an den Tisch und fragt: „Na Martin, kleines Solo am Tisch wie immer?"

Martins Frau hat genug, springt auf, schnappt sich ihren Mantel und rennt aus der Bar. Martin hinterher und kann sich gerade noch neben sie auf den Rücksitz des Taxis werfen, worauf sie anfängt zu schreien und zu heulen. Dreht sich der Taxifahrer rum und sagt: „Mensch Martin, da haste aber heute ne richtige Zicke abgeschleppt, was?"

Warum gibt es die Pille für den Mann noch nicht?
Weil man für Ärsche normalerweise Zäpfchen nimmt.

Er fragt Sie nach dem Sex: „Du Liebling, wärst Du gerne manchmal ein Mann?" Sie: „Nein, und du?"

Zwei Holländer besteigen einen Flug nach London. Einer nimmt den Fensterplatz, der andere setzt sich neben ihn auf den mittleren Platz. Kurz vor dem Start setzt sich ein Deutscher auf den Platz am Gang.

Nach dem Start zieht der Deutsche seine Schuhe aus, wackelt mit seinen Zehen und macht es sich gemütlich, als der Holländer auf dem Fensterplatz sagt: „Entschuldigen Sie, ich muss aufstehen und mir eine Cola holen."

„Bleiben Sie ruhig sitzen", sagt der Deutsche, „ich sitze am Gang. Ich hol' Ihnen Ihre Cola."

Kaum ist er aufgestanden, nimmt einer der Holländer einen seiner Schuhe und spuckt hinein. Als er mit der Cola zurückkehrt, sagt der andere Holländer: „Das sieht gut aus, ich hätte auch gerne eine." Wieder erklärt sich der Deutsche bereit, sie zu holen. Als er weg ist, nimmt der andere Holländer den anderen Schuh und spuckt ebenfalls hinein. Als der Deutsche zurückkommt, lehnen sie sich alle zurück und genießen den Flug.

Als das Flugzeug zur Landung ansetzt, zieht der Deutsche seine Schuhe an und bemerkt sofort was passiert ist.

„Warum nur?" fragt er, „Wie lange wird das noch weitergehen? Dieser Kampf zwischen unseren Nationen. Dieser Hass. Diese Animositäten. Dieses In-die-Schuhe-Spucken und In-die-Cola-Pissen."

Die Lehrerin will sich gleich beliebt machen, sagt, dass sie Schalke-Fan ist und fragt die Klasse, wer sonst noch Schalke-Fan ist.

Alle Hände gehen nach oben, nur ein kleines Mädchen meldet sich nicht.

Die Lehrerin fragt: „Warum meldest du dich denn nicht?"

„Na, weil ich kein Schalke-Fan bin!"

„Zu welchem Verein hältst du denn dann?"

„Ich bin FC Bayern-Fan und stolz darauf!"

„Ja, warum denn ausgerechnet Bayern?"

„Weil mein Vater aus München kommt, bei der Allianz arbeitet und als Jugendlicher bei den Amateuren der Bayern gespielt hat, meine Mutter aus München kommt und Wiesn-Bedienung bei Paulaner ist. Beide sind Bayern-Fans, also bin ich es auch!"

„Aber Kind, du musst doch deinen Eltern nicht alles nachmachen! Stell dir doch nur mal vor, deine Mutter wäre eine Prostituierte und dein Vater ein alkoholabhängiger Arbeitsloser, was wäre denn dann?"

„Ja gut, dann wäre ich wohl auch Schalke-Fan."

*E*ine Frau will für ihren Mann ein Haustier kaufen. Sie geht in ein Zoogeschäft, findet aber die Preise sehr hoch. Als sie den Inhaber nach günstigen Tieren fragt, bietet der ihr einen Frosch für 25 Euro an.

Sie wundert sich, warum auch dieses Tier so teuer ist. Er erklärt ihr, dass es ein ganz besonderer Frosch sei. Er könne blasen!

Sie überlegt nicht lange und kauft den Frosch, mit dem Hintergedanken, es selber nicht mehr machen zu müssen. Sie überreicht den Frosch ihrem Mann. Dieser ist sehr skeptisch, aber gleich heute Abend will er es ausprobieren.

Mitten in der Nacht wacht die Frau auf, da sie in der Küche Töpfe und Pfannen klappern hört. Als sie in die Küche geht, sieht sie ihren Mann und den Frosch das Kochbuch durchackern. Fragend schaut die Frau ihren Mann an, der sagt: „Sobald der Frosch kochen kann, fliegst du raus!"

*E*in Paar auf der Wiese beim heißen Liebesspiel. Plötzlich steht sie nörgelnd auf.
„Ich wäre froh, wenn Du endlich zum Augenarzt gehen würdest!" „Warum?" „Weil Du seit fünf Minuten ins Gras beißt!"

*W*as ist der Unterschied zwischen einem Mann der betrunken ist und einem Mann der Viagra nimmt? Der eine hat so einen sitzen, dass er nicht mehr stehen kann und der andere hat so einen stehen, dass er nicht mehr sitzen kann.

*W*as ist eine Kuh auf Schiern?
Ne Muhschi.

*W*as macht die Frau morgens mit ihrem Arsch?
Sie schmiert ihm ein Brot und schickt ihn zur Arbeit!

Was ist das Lieblingsessen im Bordell?
Puffreis.

Ein Einzelhandelskaufmann hat für seinen Laden einen Lehrling eingestellt. Natürlich will er ihm erst mal beweisen, welches Verkaufstalent er hat. Eine junge Frau kommt in sein Geschäft und möchte eine Packung Gardinenreiniger kaufen. Der Verkäufer stellt aber noch eine Flasche Glasreiniger daneben. Daraufhin fragt die Frau, was sie mit der Flasche Glasreiniger anfangen soll. Der Verkäufer antwortet: „Wenn sie schon einmal ihre Gardinen waschen, können sie doch gleich die Fenster mitputzen." „Eine gute Idee!", meint die Frau und kauft beide Sachen." „Siehst du, so geht das", protzt der Verkäufer vor seinem Lehrling, „und jetzt bist du dran." Wieder kommt eine Frau ins Geschäft, sieht sich um und will ein Päckchen Tampons kaufen. Der Lehrling stellt eine Flasche Glasreiniger neben die Tampons. Die Frau schaut ihn ganz verdutzt an und fragt: „Was will ich denn mit einer Flasche Glasreiniger?" Darauf der Lehrling: „Wenn sie jetzt schon 5 Tage nicht ficken können, können sie doch wenigstens mal die Fenster putzen."

Was ist Geschwindigkeit?
Wenn es im Schlafzimmer nach verbranntem Gummi riecht.

*„**I**ch muss höllisch aufpassen, dass ich kein Kind bekomme!",*
sagt Franzi zu ihrer Freundin. „Wieso? Ich denke dein Mann
hat sich sterilisieren lassen?!" „Ja eben!"

Was sind 30 Jungs hintereinander?
Ein Pimmelzug.

Ein Zweijähriger und ein Dreijähriger unterhalten sich. Meint
der Dreijährige: „Gestern hab ich bei uns ein Kondom auf der
Terrasse gefunden!" Darauf der Zweijährige: „Was ist denn
eine Terrasse?"

*E*ine verheiratete Frau ist beim Gynäkologen. „Mein Gott, Sie haben die größte Vagina, die ich je gesehen habe." Die Frau will sich selbst überzeugen. Sie geht nach Hause, zieht sich aus, nimmt den Spiegel von der Wand, legt ihn auf die Erde und stellt sich darüber. Genau in diesem Moment betritt ihr Mann das Zimmer. „Was machst du denn da?" „Äh, nur ein bisschen Gymnastik!" Meint ihr Mann: „Dann pass bloß auf, dass Du nicht in das Loch fällst..."

*E*ine europäische Reisegruppe macht eine Expedition durch den Dschungel, als sie von einem Kannibalen Stamm überfallen werden. Nur der Deutsche und der Österreicher überleben den Angriff. Der Häuptling gibt beiden noch eine Chance nicht im Kochtopf zu landen: „Lauft und besorgt mir 100 Stück von einer Frucht. Dies ist der erste Teil von zwei Aufgaben, wer beide erfüllt, soll frei sein." Nach nur einer Stunde kommt der Deutsche zurück, im Schlepptau 100 Beeren. Der Häuptling meint: „Die erste Aufgabe hast du erfüllt. Nun musst du nur noch jede einzelne Beere in deinen Hintern stecken, ohne dabei nur im Geringsten zu lachen." Der Deutsche fängt an mit 1 ... 2 ... 3 ... und verzieht dabei keine Miene ... 50 ... 51 ... 52 ... todernst macht er weiter... 97 ... 98 ... und plötzlich fängt er lauthals an zu lachen. Der Häuptling fragt ihn, warum er lachen würde, wo er doch nur noch 2 Beeren zur Freiheit gebraucht hätte. Der Deutsche kriegt sich nicht ein vor Lachen und sagt dann prustend: „Da hinten kommt der Österreicher, der hat Kokosnüsse gesammelt!"

Drei Männer kommen an der Himmelspforte an. Petrus fragt den ersten: „Wozu hast Du auf Erden Deinen Penis benutzt?" - „Zum Wasserlassen, ab und zu habe ich allerdings auch ein wenig Unzucht getrieben." Ärgerlich schickt ihn Petrus in die Hölle und fragt den zweiten das gleiche. „Ich habe ihn zu gleichen Teilen zu beiden Zwecken hergenommen." Petrus verärgert: „Ab zum Teufel!" Schließlich stellt Petrus noch dem Dritten die Frage. Der antwortet resignierend: „Ich habe nur zu 10 Prozent gepinkelt, und zu 90% gevögelt. Ich mache mich schon mal auf den Weg nach unten." - „Quatsch! Willkommen, mein Sohn! Wir sind hier im Paradies und nicht in einem Pissoir!"

*F*ür einen Werbespot werden 3 Katzen eingeladen, die eine neue Sorte Brekkies testen sollen. Die erste Katze ist die eines Architekten, die Zweite die eines Chemikers und die Dritte die eines Designers.

Alle drei sitzen vor ihren Futternäpfen voller Brekkies.

Die Katze des Architekten nimmt die Brekkies, baut damit 4 Wände, zieht einen Boden ein, setzt ein Dach drauf und umzäunt es mit den restlichen Brekkies. Als sie fertig ist, bewundert sie ihr Machwerk und frisst es auf.

Die Katze des Chemikers nimmt die Brekkies, zerkleinert sie, gibt sie in einen Glaskolben, fügt etwas Milch hinzu und löst das Ganze unter ständigem Rühren auf. Als sie fertig ist, bemustert sie die Lösung und trinkt sie aus.

Die Katze des Designers nimmt die Brekkies, pulverisiert sie, nimmt einen Strohhalm, zieht sich den Stoff durch die Nase, vögelt die anderen beiden Katzen durch und schreit:

„ICH KANN SO NICHT ARBEITEN!"

Ein Blinder kommt aus Versehen in eine Bar nur für Damen. Er findet seinen Weg zu einem Barhocker und bestellt einen Drink. Nachdem er eine Weile sitzt, fragt er den Barkeeper:

„He, willst du einen Blondinenwitz hören?" In der Bar wird's absolut totenstill und mit tiefer Stimme sagt seine Nachbarin: „Bevor Sie den Witz erzählen, ist es nur fair - weil Sie blind sind - dass sie 5 Dinge wissen sollten...

1. Die Barfrau ist eine Blondine.

2. Der Rausschmeißer ist eine Blondine

3. Ich bin eine 1,80 große, 120 kg schwere, blonde Frau, mit dem schwarzen Gürtel in Karate.

4. Die Frau neben mir ist blond und ist professionelle Gewichtheberin.

5. Die Frau zu ihrer rechten ist blond und ist professionelle Ringkämpferin.

Nun, denken Sie ernsthaft nach, mein Herr. Wollen Sie immer noch diesen Blondinenwitz erzählen?"

Der blinde Mann denkt eine Sekunde nach, schüttelt seinen Kopf, und sagt:

„Neee...nicht wenn ich ihn 5 mal erklären muss."

Beim Vaterschaftsprozess begleitet die beste Freundin die junge Mutter. Der Richter fragt sie:
"Haben Sie auch eine Ladung bekommen?" - "Nein, mich hat er nur geküsst …"

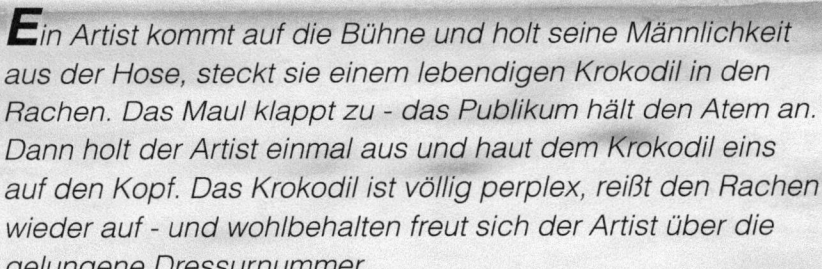

Ein Artist kommt auf die Bühne und holt seine Männlichkeit aus der Hose, steckt sie einem lebendigen Krokodil in den Rachen. Das Maul klappt zu - das Publikum hält den Atem an. Dann holt der Artist einmal aus und haut dem Krokodil eins auf den Kopf. Das Krokodil ist völlig perplex, reißt den Rachen wieder auf - und wohlbehalten freut sich der Artist über die gelungene Dressurnummer.
Die Menge ist begeistert und will eine Zugabe. Der Artist zeigt das Kunststück nochmals. Hose auf, Lümmel raus, Maul vom Krokodil auf, Lümmel rein, Klappe zu, Schlag auf den Kopf, Maul auf, Lümmel raus - alles dran geblieben.

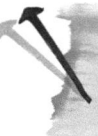

Der Zirkusdirektor prahlt: „2000 Euro, meine Damen und Herren, 2000 Euro, wer sich das auch traut!"
Keiner meldet sich.
"5000 Euro", erhöht der Direktor.
Da meldet sich von der hintersten Reihe eine Blondine: „Ok, ich will es versuchen, aber nur unter einer Bedingung, er darf mir nicht so heftig auf den Kopf hauen."

Der Vater läuft abends an der Tür des Juniors vorbei und hört ihn beten: „Gott schütze meine Mutter, meinen Vater, meine Schwester Nicole und meine Großmutter!" Der Vater denkt sich, hm, hat er doch den Großvater vergessen.

Am nächsten Tag kommt ein Telegramm. Der Großvater ist an einem Herzinfarkt gestorben. Am Abend geht der Vater wieder vor die Tür und lauscht: „Gott schütze meine Mutter, meinen Vater und meine Schwester Nicole!" Der Vater denkt sich wieder, dass er doch heute die Großmutter weg gelassen hat. Und wirklich, am nächsten Tag fällt die Großmutter die Treppe runter bricht sich das Genick und ist tot.

Abends geht der Vater nun natürlich wieder lauschen: „Gott schütze meine Mutter und meine Schwester Nicole!" Der Vater natürlich vollkommen nervös und denkt sich: „Morgen bin ich eben besonders vorsichtig." Der Vater geht zur Arbeit und kommt abends wieder zurück, nichts ist passiert.

Fragt er seine Frau: „Gibt es denn was neues?"

Meint die Frau: „Nö, eigentlich nicht - oh doch, unser Postbote ist gestorben ..."

*E*in LKW-Fahrer fährt über die Landstraße, als er plötzlich ein kleines blaues Männchen am Straßenrand stehen sieht. Er hält an und fragt: „Na, was bist Du denn für einer?" Das kleine blaue Männchen antwortet: „Ich komme von der Venus, bin schwul und habe Hunger!" Der LKW-Fahrer antwortet: „Tut mir leid, ich kann Dir nur ein Brötchen geben, das ist alles, was ich für Dich tun kann!" Er gibt dem blauen Männchen sein Brötchen und fährt weiter, bis er am Straßenrand ein kleines rotes Männchen stehen sieht. Er hält wieder an und fragt: „Na, was bist Du denn jetzt für einer?" Das kleine rote Männchen sagt: „Ich komme vom Saturn, bin schwul und habe Durst!" Der LKW-Fahrer gibt dem roten Männchen eine Cola und sagt: „Tut mir leid, das ist alles, was ich für Dich tun kann!", und fährt weiter. Schließlich sieht er ein kleines grünes Männchen am Straßenrand stehen. Er hält wieder an und sagt: „Na, Du kleines grünes, schwules Männchen, was kann ich Dir denn geben?" Sagt das grüne Männchen: „Führerschein und Fahrzeugpapiere, bitte!"

Zwei Ehefrauen langweilen sich und gehen auf die Rennbahn. Da sie nicht wissen, auf welches Pferd sie setzen
sollen, fragt die eine: „Wie oft bist Du fremdgegangen?" - „Ich
glaube 4 mal, und Du?" - „Ich 5 mal, macht zusammen 9." Sie
setzen auf die Nummer 9 und gewinnen. Zuhause erzählen
sie ihren Männern, dass sie bei der Pferdewette gewonnen
haben, worauf diese beschließen, nächste Woche selbst zu
gehen.

Auf der Rennbahn angekommen, überlegen die Männer, auf
welche Nummer sie setzen. Der eine fragt den anderen: „Wie
oft kannst Du am Abend?" „So ungefähr 5 mal." - „Ich 6 mal,
macht zusammen 11." Sie setzen auf die Nummer 11, und
verlieren.

Gewonnen hat Pferd Nummer 2…

LUSTIGE, FIESE UND ABARTIGE WITZE!

LACH-GARANTIE

+ + + LACH-GARANTIE + + +

Witze

Lustige-Witze

Fiese Witze

Abartige-Witze

Was ist grün und stinkt nach Schwein?
Kermits Finger.

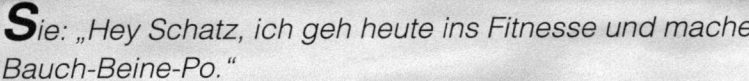

Ist es sexuelle Belästigung, wenn ein Mann eine Frau mit den
Worten "Ihr Haar riecht gut" anspricht? Ja, wenn ER ein Zwerg
ist…

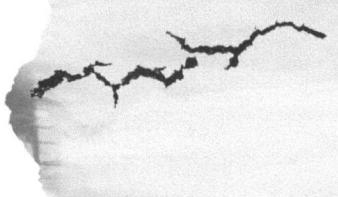

Sie: „Hey Schatz, ich geh heute ins Fitnesse und mache
Bauch-Beine-Po."
Er: „Davon hast du doch genug. Mach mal lieber Titten!"

Superman langweilt sich und will deshalb am Abend was unternehmen. Da fliegt er zu Batman und fragt ihn, ob er nicht mit ihm einen Hamburger essen gehen will, aber Batman muss noch sein Batmobil reparieren, damit er am nächsten Tag wieder Verbrecher fangen kann. Na gut, denkt sich Superman und fliegt zu Spiderman. Er fragt ihn: „Sag mal, hast du Lust auf einen Hamburger?", aber Spiderman muss noch seine Spinnkanonen laden, damit er am nächsten Tag wieder Verbrecher fangen kann. Also fliegt Superman weiter und überlegt, was er mit dem angebrochenen Abend machen kann. Da sieht er auf einem Hochhausdach Wonderwoman liegen, nackt und mit ausgestreckten Armen und Beinen. Er denkt sich, so schnell wie ich bin, kann ich sie doch mal ficken … das wollte ich immer schon und sie merkt ja nicht, wer es war. Gedacht, getan, geht er in den Sturzflug … zack zack … und fliegt weiter. Wonderwoman hat das gehört und fragt: „Was war denn das?". „Keine Ahnung", sagt der Unsichtbare, reibt sich den Arsch", es hat aber verdammt weh getan!"

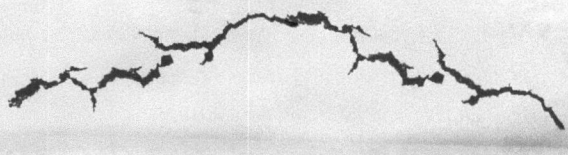

Der neuste Schrei bei Automaten: Der Doktorautomat - Man kann für 5 € auch mal eine schlechte Antwort von einem Automaten erhalten...

Georg beklagt sich über seine Schmerzen an seiner Hand und erzählt seinem Freund, dass er
unbedingt zum Arzt muss, da er es nicht mehr aushalten kann.

„Warum zum Arzt? Jetzt gibt es doch Supercomputer, die alle möglichen Krankheiten diagnostizieren können und viel billiger sind als ein Arzt. Geh mal zum Supermarkt an der Ecke, nimm eine Urinprobe und 5 € mit und dann wirst Du sehn."

Als er nach Hause geht, denkt Georg über den Vorschlag seines Freundes nach. Immerhin kostet ihn das höchstens 5 €, also geht er am nächsten Tag mit einer Urinprobe zum Supermarkt, stellt die Urinprobe in den Computer und steckt 5 € in den Schlitz.

Der Computer fängt an zu arbeiten, die farbigen Lichter leuchten und blinken und schließlich kommt ein Papier heraus auf dem steht:

Diagnose: Sie haben eine Sehnenscheidenentzündung an der rechten Hand.

Abhilfe: Tauchen Sie zwei Wochen lang jeden Abend die Hand in warmes Wasser.

Vermeiden Sie schwere Lasten.

Georg kann es nicht glauben. Die Wissenschaft hat wirklich enorme Fortschritte gemacht. Aber mit der Zeit kommen ihm

Zweifel, ob der Computer wirklich so perfekt ist.

Am nächsten Morgen nimmt er ein Fläschchen und gibt etwas Leitungswasser hinein. Seinem sabbernden Hund entnimmt er etwas Speichel und vermixt das Ganze. Von seiner Frau nimmt er etwas Urin und den Tampon seiner Tochter wringt er aus. Zur Krönung holt er sich einen runter und mischt das auch noch hinein.

Dann geht er zum Supermarkt, stellt das Fläschchen an seinen Platz und wirft 5 € ein. Der Computer fängt an zu arbeiten, die Lichter blinken, es wird immer heftiger, die Lichter blinken immer schneller, der Computer droht zu explodieren. Dann schmeißt er ein Papier aus, auf dem steht:

Diagnose: Ihr Leitungswasser ist zu kalkhaltig und unsauber.
Abhilfe: Kaufen Sie sich einen Entkalker und einen Reinigungsapparat.

Diagnose: Ihr Hund hat Würmer.
Abhilfe: Unterziehen Sie ihn einer Wurmkur.

Diagnose: Ihre Tochter ist Kokainsüchtig.
Abhilfe: Veranlassen Sie sofort eine Entziehungskur.

Diagnose: Ihre Frau ist schwanger und kriegt Zwillinge. Sie sind nicht von Ihnen.
Abhilfe: Konsultieren Sie umgehend einen Anwalt Ihrer Wahl.

Ein dringender Rat: Hören Sie mit dem Wichsen auf, sonst wird Ihre Sehnenscheidenentzündung auch nicht besser!

Ein Mann ist neu in der Stadt und will erst einmal ein wenig Spaß haben. Er geht also in den nächsten Puff. Schnell wird er sich über den Preis einig und geht mit der Dame auf's Zimmer. Als sie sich aussieht, bemerkt er, dass sie kein Schamhaar hat. „Was, keine Wolle da unten, bei uns zu Hause haben alle Frauen Wolle da unten." - „Hey, will'ste stricken oder ficken?"

Kommt ein Schwuler in eine öffentliche Toilette und sieht neben sich einen Mann stehen mit einem riesigen Schwanz. Sagt der Schwule: "Ach, den hätte ich ja gerne mal drinnen!" darauf der Mann: " …das ist gar kein Problem, aber ein Zentimeter von meinem Schwanz kostet dich 10 Euro" – "Ach Gott", sagt der Schwule, "ich habe doch nur noch 100 Euro" - "Tja", sagt der Mann, "dann kriegst du auch nur 10 Zentimeter eingeführt" Gesagt getan – auf einmal geht hinter dem Mann schwungvoll die Toilettentür auf und knallt ihm ins Kreuz. Dabei dringt er bei dem Schwulen natürlich bis zum Anschlag ein. "Ach herrje", sagt der Schwule "jetzt hab ich den Ganzen Arsch voller Schulden".

*I*m Siouxdorf: „Papa, woher kommen eigentlich unsere Vornamen?" „Nun, mein Sohn, das ist so: Als ich geboren wurde, hatte mein Vater gerade einen großen Bären erlegt, und daher heiße ich 'Großer Baer'. Deine Mutter wurde geboren, als die Sonne aufging und heißt deshalb 'Aufgehende Sonne'. Aber wieso willst du das wissen, 'Zwei - Hunde - Ficken - Mitten - Auf - Dem – Lagerplatz'?"

*W*as heißt onanieren auf türkisch?
Würk de Gürk.

*W*as ist der Unterschied zwischen einem Penis und einem Reisepass?
Den Reisepass kann man verlängern.

Sagt ein Geselle zu seinem Chef „ Ich erkenne jedes Holz am Geruch." Darauf sagt der Meister: „Das glaube ich dir nicht." Der Geselle verbindet sich die Augen. Darauf holt der Meister ein Stück Holz und lässt den Gesellen daran riechen. Der Geselle gibt seine Antwort: „Eiche und zwanzig Jahre." Der Meister skeptisch: „Das war bestimmt nur Glück." Daraufhin lässt der Chef noch ein Stück Holz holen. Der Geselle riecht wieder daran und sagt „ Buche, frisch gehauen." Der Meister denkt sich, der Junge ist gut, aber jetzt lege ich ihn rein und lässt die Sekretärin des Betriebs holen.
Die setzt sich auf den Werktisch und zieht den Rock hoch und den Schlüpfer aus. Der Geselle geht zu ihr und riecht. Ein wenig verunsichert meint er dann: „Das ist schon schwieriger, aber ich würde sagen, es ist eine Scheißhaustür von einem alten Fischkutter."

*E*in Bademeister sitzt am Strand in seinem Stuhl, plötzlich sieht er einen Blinden mit einer Gummipuppe am Strand entlanggehen. Er springt auf, geht zu dem Blinden. „Entschuldigen Sie, Sie können doch hier nicht mit der Gummipuppe durch die Gegend laufen, hier sind viele Kinder unterwegs!" Blinder: „Mit was bitte?" „Na, mit der Gummipuppe, die sie da tragen!" Blinder: „Scheisse, jetzt hab ich den ganzen Winter mein Schlauchboot gebumst!"

*W*as hat Miss Piggy, wenn sie zwei grüne Kugeln in der Hand hält?
Kermits ungeteilte Aufmerksamkeit.

*M*eier war in Brasilien in Urlaub. Nach seiner Rückkehr fragt ihn sein Chef: „Na, Meier, wie war es denn in Rio?" „Ach, in Brasilien gibt's nur Fußballspieler und Nutten!" Der Chef. „Wussten Sie eigentlich, dass meine Frau Brasilianerin ist?" „Oh, bei welchem Verein spielte sie denn?"

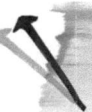

Warum ist ein Mann wie ein Schneesturm? Keiner weiß, wann er kommt, wie viel Zentimeter er bringt und wie lange es dauert.

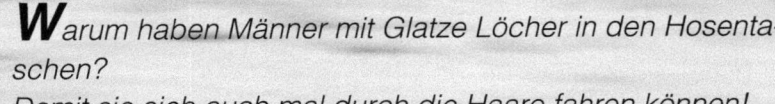

Warum haben Männer mit Glatze Löcher in den Hosentaschen?
Damit sie sich auch mal durch die Haare fahren können!

Der Nikolaus ist auf die Erde gekommen. Er trifft Fritzchen und fragt ihn: „Was wünscht du dir zu Weihnachten?" Fritzchen: „Das sage ich nicht!" "Ich weiß es aber trotzdem.", antwortet der Nikolaus, "Du wünscht dir ein Feuerwehrauto!" Fritzchen ist erstaunt und fragt: „Woher weißt du denn das?" Nikolaus reibt Fritzchen die Nase zwischen Daumen und Zeigefinger: „Das habe ich an deiner Nasenspitze ablesen können. Ich weiß auch, dass du dir noch ein Fahrrad wünschst!" Fritzchen ist wieder erstaunt: „Woher weißt du das?" Nikolaus reibt wieder Fritzchens Nase zwischen Daumen und Zeigefinger und sagt: „Das habe ich an deiner Nase ablesen können. Außerdem kenne ich auch deinen größten Wunsch: eine Eisenbahn!" – Fritzchen ist schon ganz aus dem Häuschen und fragt wieder: „Woher weißt du das?" Der Nikolaus reibt wieder die Nase zwischen Daumen und Zeigefinger: „Auch das habe ich an deiner Nasenspitze ablesen können." – Da sagt Fritzchen: „Stimmt es, dass die Engel im Himmel keine Höschen anhaben?!" Diesmal staunt der Nikolaus: „Woher weißt du das? Hast du es an meiner Nasenspitze gesehen?" „Nein, ich habe es an deinen Fingern gerochen!

Kommt eine Frau zum Frauenarzt: „Herr Doktor mir fallen Briefmarken aus der Vagina! Ich mache mir schreckliche Sorgen" „Das gibt es doch gar nicht", antwortet der Arzt. Der Arzt schaut nach und tatsächlich findet er ein Stück Papier. Er betrachtet es einige Zeit und sagt dann grinsend: „Sie müssen sich keine Sorgen machen, das sind keine Briefmarken, sondern Etiketten von Chiquita-Bananen!"

Warum benutzen Männer keine schwarzen Kondome?
Weil schwarz dünn macht.

Was ist der Unterschied zwischen den Schuhmacher Brüdern und Siegfried & Roy?
Der Gesichtsausdruck, wenn der eine dem anderen hinten reinfährt.

Ein junger Mann hat ein Sprachproblem. Er vermischt ständig die Wörter in einem Satz. Letzte Hilfe verspricht er sich von einer Sprachheilschule. Die junge Pädagogin gibt ihm einen leichten Satz zum Üben. „Zitronen und Orangen". Der junge Mann jedoch wiederholt: „Zitrangen und Oronen!" Nach zwei Wochen resigniert die Pädagogin und sagt zum Schüler: „Wenn du diesen einfachen Satz fehlerfrei wiederholen kannst, hast du einen Wunsch bei mir frei!" Fortan übt er fleißig. Nach einigen Tagen ist es soweit. Der junge Mann tritt ganz nah an seine Lehrerin und sagt: „Zitronen und Orangen!"

Sie lächelt und sagt: „Nun, wie lautet dein Wunsch?"

Und er sagt: „Ich will dich micken du seile gau!"

Geht der Sohn zu seinem Vater und fragt: „Was ist der Unterschied zwischen theoretisch und praktisch?" Der Vater geht daraufhin mit seinem Sohn zur Tochter und fragt sie: „Würdest Du für 5 Millionen mit einem Mann schlafen?" Sie: „Natürlich! Ich könnte mir ein Auto kaufen und andere schöne Dinge!" Der Vater geht mit dem Sohn zu seiner Frau und stellt Ihr die gleiche Frage. Die Mutter antwortet: „Natürlich, dann hätten wir doch ausgesorgt und keine Schulden mehr!" Daraufhin geht der Vater mit seinem Sohn in die Küche, setzt sich an den Tisch und erklärt ihm: „Theoretisch sind wir Millionäre, praktisch haben wir zwei Nutten im Haus!"

*E*in Mann kommt zu einer Apotheke, diese ist aber geschlossen. Er schaut durch das Fenster und dabei sieht er den Apotheker mit seiner Helferin eine Nummer schieben. Da er aber dringend sein Medikament benötigt, klopft er wie wild an die Tür. Als der Apotheker schließlich kommt, entschuldigt er sich: „Entschuldigen Sie bitte, ich habe gerade ein NICKERCHEN gemacht!" Darauf antwortet der Kunde: „Ja, ja und ich habe es durchs NENSTER gesehen!"

*Z*wei schwule Radfahrer werden von einem Auto angefahren. Sagt der eine Schwule zum anderen: „Dieda, gä und hol die Polizai!"
Sagt der Autofahrer: „Ich gebe euch 100 Euro, wenn ihr nicht zur Polizei geht!"
Da wiederholt der Schwule ohne den Fahrer zu beachten: „Dieda, gä und hol die Polizai!"
Sagt der Autofahrer nochmals: „Ich gebe euch 1000 Euro wenn ihr nicht zur Polizei geht!"
Der Schwule beachtet den Autofahrer immer noch nicht und sagt: „Dieda, gä und hol die Polizai!"
Dem Fahrer wird es zu blöd und er sagt: „Ach, leckt mich doch am Arsch!"
Darauf der Schwule: „Dieda, bleib hier. Er will verhandeln!

Die Prinzessin geht zum Teich und fragt den Frosch: „Muss ich dich jetzt küssen damit du ein Prinz wirst?"
Der Frosch: „Nein, das ist mein Bruder. Mir musst du einen blasen!"

Computer: „Bitte Passwort eintragen!"
User: „Penis"
Computer: „Ihr Passwort ist zu kurz."

Es kommt ein junger Mann in einen Blumenladen.
Er schaut sich um, kann aber nichts finden. Da fragt die Verkäuferin, ob sie helfen könne.
Ja, er wüsste nicht genau, was er nehmen solle. Er habe ein nettes Mädchen kennen gelernt und möchte ihr einen schönen Strauß mitbringen, er wüsste nur nicht welchen.
Daraufhin meint die Verkäuferin: „Machen Sie es doch wie früher! Willst du schmeicheln, schenke Veilchen. Willst du liebkosen, schenke Rosen."
Der junge Mann überlegt ein Weilchen und antwortet: „Ja dann hätte ich gerne einen Strauß Wicken."

Kommt eine Frau zum Gynäkologen und legt sich auf den Stuhl. Der Arzt zieht sich seine Handschuhe an, dreht sich herum und kommt aus dem Staunen nicht mehr heraus. „Was ist das denn für eine Riesenvagina?". Die Frau schaut etwas verschämt und sagt: „Ich wurde auf der letzten Safari von einem Elefanten vergewaltigt." "Ja" meint der Arzt, "Elefanten kenne ich, aber deren Ding ist doch nicht so dick!" – "Stimmt" sagt sie, "aber vorher hat er noch ein wenig gefingert!"

Der Vater platzt bei seiner Tochter ins Zimmer, die sich gerade mit ihrem Vibrator vergnügt. Auf seinen Wutausbruch, was das denn solle, meint die Tochter:
"Ach Papa, ich bin doch nicht gerade die Schönste, ich finde sowieso keinen Mann. Dann darf ich doch wenigstens ein wenig Spaß mit meinem Vibrator haben!".
Eine Stunde später kommt die Tochter in die Küche, dort sitzt ihr Vater, trinkt ein Bier und auf dem Tisch liegt ihr Vibrator, der vor sich hinsummend dauernd im Kreis dreht.
"Aber Papa, was machst du denn da?!" – „Na, hör mal, ich werde wohl noch mit meinem Schwiegersohn ein Bierchen trinken dürfen!"

*Eine Schar Nonnen kommt zu Petrus und will in den Himmel.
Petrus zur ersten Nonne: „Hast du schon mal einen Penis
angefasst?"
Die Nonne: „Ja, aber nur mit der Fingerspitze".
Petrus: „Dann tauche deine Fingerspitze ins Weihwasser und
geh in den Himmel."
Petrus zur zweiten Nonne: „Hast du schon mal einen Penis
angefasst?"
Die Nonne: „Na ja, ich muss gestehen, ich habe ihn massiert."
Petrus: „Dann tauche deine Hand ins Weihwasser und geh in
den Himmel."
Plötzlich entsteht Unruhe in der Schlange, weil sich eine der
Nonnen vordrängelt.
Petrus fragt die Nonne: „Warum drängelst du dich vor?"
Die Nonne: „Na wenn ich das Zeug schon gurgeln muss,
dann will ich es tun, bevor Schwester Maria ihren Arsch rein
hält."*

Was sitzt in der Ecke und klappert?
Pinocchio beim Wichsen.

Zwei Kitzler unterhalten sich. „Weißt du, was man von uns behauptet? Wir seien unangenehm, ekelhaft, widerlich, kalt und feucht." „Wer erzählt denn so was?". „Böse Zungen!".

Im Kloster St. Kathrein geht's hoch her. Die Party läuft und die Nonnen denken nicht mal daran der Mutter Oberin zu gehorchen. In ihrer Not eilt sie
zum Bischof. Der geht sofort zu den Nonnen und redet 1 Minute mit ihnen. Als er herauskommt sind die Nonnen mucksmäuschenstill. Auf die Frage der Oberin, was er ihnen denn gesagt habe, antwortet er: „Tja, ich hab ihnen gesagt, wenn sie sich nicht benehmen, gibt's die Gurken nur noch geschnitten..."

Drei Mäuse sitzen an der Bar und protzen damit, wer von ihnen die Coolste ist.

Die Erste verlautet: „Wenn ich eine Mausefalle sehe, nehme ich mit der linken Hand den Käse raus. Mit der Rechten fange ich den Bügel ab und mache noch etwas Krafttraining bevor ich den Käse verputze?".

Meint die Zweite: „Wenn bei uns Rattengift gestreut wird, nehme ich mir eine Rasierklinge, hacke den Stoff klein, lege eine Line und zieh mir das Zeug durch die Nase?".

Die dritte Maus steht auf und geht.

„Hat's Dir die Sprache verschlagen?!" fragen die anderen beiden Mäuse.

„Ihr langweilt mich", antwortet die Dritte. „Ich geh nach Hause, die Katze poppen?".

LUSTIGE, FIESE UND ABARTIGE WITZE!

„*Also Mama…*", meint die Tochter, „*…das mit dem Befruchten habe ich jetzt verstanden. Papas Samen muss an eines deiner Eier kommen und dann entsteht ein Kind. Aber was ich nicht verstehe: Wie kommt denn der Samen an das Ei? Musst du den schlucken, wenn du ein Kind willst?*". Da ruft Papa aus dem Wohnzimmer: „*Nee, schlucken muss sie ihn nur, wenn sie ein neues Kleid will!*".

Ich habe es gehasst, wenn ich auf Hochzeiten von meinen Tanten in die Wange gekniffen wurde und sie dabei sagten: „Du bist der Nächste". Sie haben davon abgelassen, seitdem ich sie auf Beerdigungen gekniffen habe.

In einem Lokal kommt eine bildhübsche junge Frau zum Barmann und fragt ob er selbst der Chef des Lokals ist. Der sagt, dass er gerade den Chef vertrete. Daraufhin fängt sie an, ihm über sein Gesicht zu streicheln, über seine Lippen und durch sein Haar. Der junge Mann wird immer erregter als sie ihm schließlich erst einen und dann mehrere Finger in den Mund steckt. Er küsst ihre Finger und leckt sie mit Genuss. Nach einiger Zeit zieht sie ihre Hand zurück und sagt: „So mein Süßer, wenn du deinen Chef siehst, sag ihm, dass es auf den Toiletten weder Toilettepapier noch Seife und Wasser gibt...

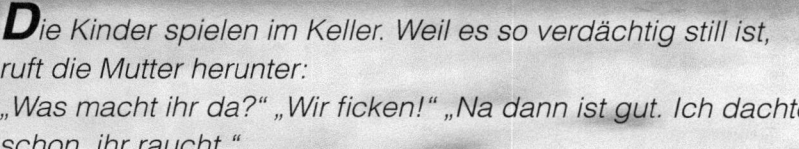

Die Kinder spielen im Keller. Weil es so verdächtig still ist, ruft die Mutter herunter:
„Was macht ihr da?" „Wir ficken!" „Na dann ist gut. Ich dachte schon, ihr raucht."

LUSTIGE, FIESE UND ABARTIGE WITZE!

LACH-GARANTIE

++ LACH-GARANTIE ++

Lustige-Witze

Fiese Witze

Abartige-Witze

LUSTIGE, FIESE UND ABARTIGE WITZE!

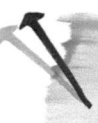

Was sagt ein Maulwurf, wenn er sich durch Belgien buddelt? "Macht mal Platz, Kinder!"

Er: „Schatz, ich hatte einen schweren Tag! Könntest du mir einen blasen?"
Sie: „Schatz, ich hatte auch einen schweren Tag. Wix doch ins Glas, ich trink es dann Morgen!

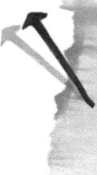

Die Mutter ist in der Küche und kocht gerade, als sie lautes Geschrei aus dem Bad hört. Sie rennt hin und sieht, wie ihr Mann das Baby an den Ohren durch das Wasser zieht. Sie: "WAS SOLL DAS??" Er: "Soll ich mir etwa die Hände verbrühen?"

Kommt ein Mädchen ins Bad und sieht die Mutter unter der Dusche. Mädchen: "Mama, was hast du denn da?" Mutter: "Das ist mein Busen, den bekommst du auch einmal!" Mädchen: "Und was ist das da unten?" Mutter: "Das ist meine Schambehaarung, die bekommst du auch einmal!" Am nächsten Tag sieht sie den Vater unter der Dusche. Mädchen: "Papa, was hast du denn da?" Vater: "Das ist mein Penis!" Mädchen: "Ja ich weiß, den bekomm ich auch irgendwann einmal!" Vater: "Stimmt schon, aber nicht irgendwann, sondern schon nächste Woche, wenn Mama zur Kur ist!

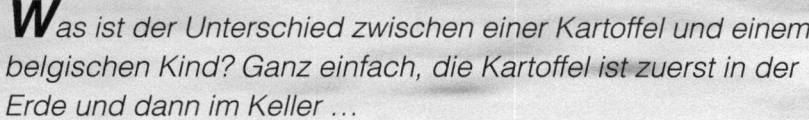

Was ist der Unterschied zwischen einer Kartoffel und einem belgischen Kind? Ganz einfach, die Kartoffel ist zuerst in der Erde und dann im Keller ...

„**S**ag mal, Papi, was versteht man eigentlich unter dem Begriff 'pervers'?" – „Ach, halt doch die Klappe, und knöpfe mir endlich den BH auf!!!"

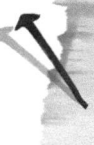

Verwirrt kommt die 13-jährige Tochter nach Hause: „Mutti, Mutti, in der U-Bahn saß ein Mann neben mir. Erst hat er mir die Hand auf die Schulter gelegt, dann auf's Knie, dann auf den Bauch, und dann..." - „Hör auf," schreit die Mutter, „du machst mich noch ganz geil!"

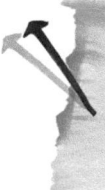

Ein junges Paar kommt sich das erste Mal näher. Sie ziehen sich aus und küssen sich. Es wird immer heißer und er will endlich zur Sache kommen. Er hat schon voll den Harten und will unbedingt Sex. Sie: „Ich weiß nicht, es ist mein erstes Mal und ich bin mir nicht sicher, ob ich es schon will. Es tut sicher weh wenn du ihn reinsteckst..." Er darauf: „Heee Mausi kein Problem wenn du noch Jungfrau bist ... gekackt wirst du ja schon mal haben"

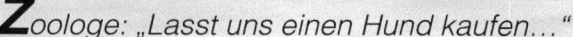

Zoologe: „Lasst uns einen Hund kaufen…"
Sadist: „…ja, dann quälen wir ihn!"
Killer: „…und dann töten wir ihn!"
Nekrophiler: „…danach ficken wir ihn!"
Pyromane: „…und dann verbrennen!"
Masochist: „…wuff."

Es wurden 4 Regenwürmer in verschiedene Gläser verteilt:

Der erste Regenwurm kam in ein Glas Alkohol.
Der zweite Regenwurm kam in ein Glas Sperma.
Der dritte Regenwurm kam in ein Glas mit Zigarettenrauch.
Der vierte Regenwurm kam in ein Glas mit Erde.

Ergebnis nach einem Tag:
Erster Wurm tot.
Zweiter Wurm tot.
Dritter Wurm tot.
Vierter Wurm lebendig.

Was lernen wir daraus?
Solange wir saufen, rauchen und vögeln bekommen wir keine
Würmer…

Wie lang kannste einen Kitzler ziehen?
Bis du Eine in die Fresse bekommst...

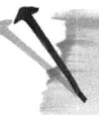

Was wäre, wenn sich die Erde 30-mal schneller drehen würde?
Man bekäme jeden Tag das Gehalt überwiesen, und die Frauen würden verbluten.

Ein Jäger kommt zu einem abgebrannten Bauernhof. Davor steht ein weinendes Mädchen. Der Jäger fragt das Mädchen: „Was ist denn hier passiert?". Das Mädchen schluchzt: „Heute Nacht ist ein Blitz in unseren Hof eingeschlagen und alles ist sofort in Flammen aufgegangen. Meine Eltern sind tot, meine Geschwister sind tot, alle Tieren sind umgekommen…". Da öffnet der Jäger seine Hose und meint: „Tja, da hast du echt nen Scheißtag erwischt!".

Warum werden in die Space-Shuttle Raumfähren der NASA keine Sitzplätze mehr eingebaut?
Die 30 Sekunden kann man auch noch stehen bleiben…

Der Zahnarzt zum Patienten: „Na…haben Sie gerade eben ihre Frau geleckt?".
Antwortet der Patient: „Wieso? Habe ich noch Schamhaare zwischen den Zähnen?".
Meint der Zahnarzt: „Nee, sie haben noch Scheiße am Kinn!".

Was ist der Unterschied zwischen einer Fliege und Lady Diana?
Die Fliege klatscht von außen an die Scheibe.

Es ist Heilig Abend und klein Fritzchen und Paulchen bekommen ihre Geschenke. Paulchen bekommt ein teures Geschenk nach dem anderen: Ein Fahrrad, ein iPhone, eine PlayStation und schließlich sogar noch einen Hund. Fritzchen hingegen nur ein Bilderbuch und zwei Paar Socken.
Paulchen meint gehässig zu Fritzchen: „Kann es sein, das Papi und Mami mich viel lieber haben als dich?".
Darauf antwortet Fritzchen: „Kann es sein, dass du Krebs hast?!".

Abgetriebene Kinder sollen neuerdings ebenfalls ins Stamm-
buch aufgenommen werden!
Unter welcher Rubrik?
Entfernte Verwandte.

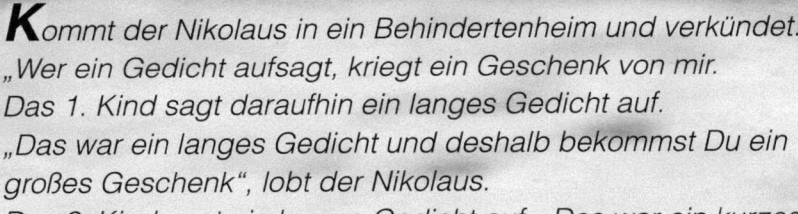

Kommt der Nikolaus in ein Behindertenheim und verkündet:
„Wer ein Gedicht aufsagt, kriegt ein Geschenk von mir.
Das 1. Kind sagt daraufhin ein langes Gedicht auf.
„Das war ein langes Gedicht und deshalb bekommst Du ein
großes Geschenk", lobt der Nikolaus.
Das 2. Kind sagt ein kurzes Gedicht auf. „Das war ein kurzes
Gedicht und deshalb bekommst Du ein kleines Geschenk".
Meint das 3. Kind: „Nnng ek ninnnh dn drn!" – daraufhin un-
terbricht der Nikolaus: „Und wer mich verarschen will, kriegt
gar nichts!".

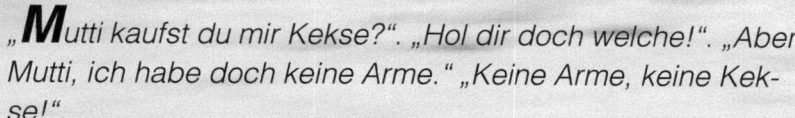

„**M**utti kaufst du mir Kekse?". „Hol dir doch welche!". „Aber Mutti, ich habe doch keine Arme." „Keine Arme, keine Kekse!".

In einer Bar im wilden Westen klappt die Saloontüre auf und ein Pistolen-Schwingender Mann stürzt herein. Der Barkeeper fragt: „Wer bist du?" Der Mann antwortet: „Ich bin Pistolen Bill!" Zwei Minuten später stürzt ein Messer-Schwingender Mann herein und der Keeper fragt auch ihn: „Wer bist du „? Der Mann antwortet: „Ich bin Messer Bill!" Die Türe klappt erneut auf und ein Mann mit 7 Armen stürzt herein und meint: „Ich bin Tscherno Bill!"

Was hat vier Beine und einen Arm?
Ein Pittbull, der vom Spielplatz kommt!

Wie ist Pinocchio drauf gekommen, dass er aus Holz ist?
Als er beim wichsen in Flammen aufgegangen ist.

Was haben Boris Becker und Lady Dy gemeinsam?
Ein Aufschlag mit 160 km/h.

Stehen auf zwei durch einen Stacheldrahtzaun getrennten Weiden eine wunderschöne Kuh und ein Bulle namens Hannibal.

Die Kuh macht Hannibal schöne Augen und ruft: „Komm zu mir rüber, starker Hannibal!" Hannibal lässt sich das nicht zweimal sagen, nimmt Anlauf...

…springt...

… und landet vor der Kuh.

Diese ist überglücklich: „Hannibal, oh Hannibal!"

Sagt er: „Ich bin Hanni, die Bälle hängen dort am Zaun."

Der perfekte Tag für Sie

08:15   Mit Küssen geweckt werden und ausgiebig kuscheln

08:30   Die Waage zeigt 2 Kilogramm weniger als am Vortag an

08:45   Frühstück im Bett mit frisch gepresstem Orangensaft, Champagner und Croissants. Teure Geschenke aufmachen wie etwa Schmuck, Handtaschen oder Schuhe. Natürlich liebevoll vom aufmerksamen Partner ausgewählt.

09:15   Heißes Rosenbad mit Duftöl nehmen.

10:00   Leichtes Workout im Fitnessclub mit hübschem, humorvollem Personal Trainer.

10:30   Besuch beim Friseur: Haare waschen, fönen und stylen.

11:30   Besuch beim Kosmetiker: Gesichtspflege und Maniküre.

12:00   Mittagessen mit der besten Freundin im In-Lokal.

12:45   Die Exfrau oder Exfreundin des Partners begaffen und feststellen, dass diese 10 Kilo zugenommen hat.

13:00   Shopping mit Freunden, der Kreditrahmen ist unbegrenzt.

15:00 Mittagsschlaf.

16:00 Drei Dutzend Rosen werden angeliefert,
mit einer Karte von einem geheimen Bewunderer.

16:15 Leichtes Workout im Fitnessclub, gefolgt von
einer Massage durch einen freundlichen Masseur
mit sehr starken Armen, der folgendes Kompliment
verteilt: „Selten habe ich einen solch perfekten
Körper massiert."

17:30 Outfit aus der Auswahl teurer Designer-Klamotten
aus dem begehbaren Kleiderschrank anprobieren
und vor dem Vollkörperspiegel eine Modenschau
veranstalten.

19:30 Candle Light Dinner für zwei Personen, gefolgt
von Tanzen. Den ganzen Abend über fallen originelle
Komplimente.

22:00 Heiße Dusche (alleine).

22:50 Ins Bett getragen werden, das frisch gewaschen
und gebügelt ist.

23:00 Schmusen mit ausgiebigem Vorspiel, sich
anschließend der Lust hingeben

00:00 In seinen starken Armen einschlafen.

Der perfekte Tag für Ihn

08:00 Aufgeweckt werden mit einem Blow Job.

08:30 Großer befriedigender Morgenschiss, dabei den Sportteil der Zeitung lesen.

09:00 Frühstück. Rumpsteak mit Eier, Kaffee und Toast zubereitet und ans Bett serviert von von einer nackten Hausangestellten.

09:30 Limousine wird vorgefahren.

09:45 Einige Gläser Whiskey auf dem Weg zum Flughafen.

10:15 Flug im Privatjet.

10:30 Mit Hummer, voll gepackt mit Oben Ohne Mädels zum Golf Club (unterwegs Blow Job).

11:00 Golf spielen.

12:00 Mittagessen: Einen fetten Burger, 3 Bier, eine Flasche Dom Perignon.

12:30 Blow Job.

12:30 Fußball mit den besten Kumpels spielen.

13:30 Limousine zurück zum Flughafen (einige Gläser Whiskey).

13:45 Flug nach Vegas und fett in einem Casino abräumen.

15:00 Nachmittagsausflug zum Angeln, Begleiterinnen sind alle nackt.

16:00 Flug nach Hause, Ganzkörpermassage durch Jessica Alba.

17:00 Ausflug zur Formel 1 Rennstrecke und ein paar Runden im Siegerauto der letzten Saison drehen

18:00 Scheissen und mit ein paar Supermodels in den Jacuzzi springen.

18:30 Abendessen: Hummer als Vorspeise, Dom Perignon (1953), gegrillte Spare Ribs, gefolgt auf Eiscreme serviert auf nackten Brüsten.

19:30 Napoleon Cognac und eine Cohuna Zigarre vor einem Grossbildschirm-Fernseher, Sportschau anschauen. Deutschland schlägt Holland im Finale der WM 11:0.

21:30 Sex mit drei Frauen (alle drei mit lesbischen Neigungen).

23:00 Massage und Bad im Whirlpool, dazu eine leckere Pizza und ein reinigendes Helles.

23:30 Gute-Nacht-Blow-Job.

23:45 Alleine im Bett liegen.

23:50 Ein 12-sekündiger Furz, der die Tonart 4mal wechselt und den Hund nötigt, den Raum zu verlassen.

LUSTIGE, FIESE UND ABARTIGE WITZE!

LACH-GARANTIE

++LACH-GARANTIE++

10 Kommentare, die eine Frau beim Anblick seines besten Stücks bei einem One Night Stand verlieren könnte:

1) *„Das ist es also, warum du Leute nach ihrer Persönlichkeit und ihrem Charakter beurteilst!!!"*

2) *„Wollen wir nicht lieber gleich zu der „Zigarette danach" übergehen?"*

3) *Kichern und draufdeuten*

4) *„Wie nett von dir Räucherstäbchen mitzubringen..."*

5) *„Das erklärt allerdings dein Auto!"*

6) *„Vielleicht wächst 'ES', wenn wir es gießen?"*

7) *„Wow...dabei sind deine Füße sooo groß!!!"*

8) *„Ist dir kalt??"*

9) *„Wird 'SOWAS' mit einer Luftpumpe geliefert?"*

10) *„Du weißt aber schon, dass wir hervorragende Chirurgen haben, um 'SOWAS' in Ordnung zu bringen..."*

So punktet er bei Ihr

In der Welt der Liebe gibt es nur eine Regel:
Mach deine Frau glücklich!

Tue etwas was sie mag und du bekommst dafür Punkte.
Tue etwas was sie nicht mag und du verlierst Punkte.
Tue etwas was sie mag aber erwartet und du bekommst dafür keine Punkte.

Hier nun der Leitfaden zum Punktesystem:

1) Einfache Pflichten:

Du machst das Bett.. 1 Punkt
Du machst das Bett aber vergisst die Zierkissen .... 0 Punkte
Du wirfst einfach die Bettdecke
über zerknautschte Laken..-1 Punkt
Du lässt den Toilettendeckel oben ....-5 Punkte
Du ersetzt die leere Rolle Toilettenpapier................... 0 Punkte
Wenn die Rolle leer ist, steigst du um auf Kleenex ......-1 Punkt
Wenn auch Kleenex alle ist, wechselst du
das Badezimmer ....-2 Punkte
Du gehst für sie extradünne Binden mit
Flügeln kaufen ....+5 Punkte
Dito im Schneesturm .... +8 Punkte
Du kommst mit Bier zurück ....-5 Punkte
Du kommst mit Bier zurück aber ohne Binden.........-25 Punkte
Du überprüfst nachts ein ihr verdächtiges

Geräusch ohne etwas zu finden.................................. 0 Punkte

Du findest etwas.. +5 Punkte

Du erschlägst es mit dem Golfschläger.................. +10 Punkte

Es war ihre Katze.. -99 Punkte

2) Soziale Verpflichtungen:

Du bleibst die ganze Party über an ihrer Seite .... 0 Punkte

Du bleibst eine Weile an ihrer Seite und

gehst dann zu einem Kollegen..................................... -1 Punkt

Der Kollege heißt Tiffany .... -4 Punkte

Tiffany ist Tänzerin.. -6 Punkte

mit Brust-Implantaten .... -20 Punkte

An ihrem Geburtstag führst du sie zum Essen aus..... 0 Punkte

Es ist kein Schnellimbiss .... +1 Punkt

Es ist ein Schnellimbiss.. -2 Punkte

Es ist eine Sport-Kneipe... -3 Punkte

Dito mit Live-Übertragung.. -10 Punkte

Und du hast dein Gesicht in den

Vereinsfarben bemalt .... -50 Punkte

Du gehst mit einem Freund aus .... -5 Punkte

Dein Freund ist glücklich verheiratet.......................... -4 Punkte

Oder ein Single... -7 Punkte

Er fährt einen Sportwagen.. -10 Punkte

Einen italienischen... -25 Punkte

Du gehst mit ihr ins Kino .... 0 Punkte

In einen Film den sie mag .... +1 Punkte

In einen Film den du hasst .... *+5 Punkte*
In einen Film den du magst .... *-2 Punkte*
In einen Film in dem Cyborgs Menschen fressen ...... *-9 Punkte*
Du lügst sie vorher an und sagst es sei
ein Liebesfilm .... *-15 Punkte*

3) Dein Aussehen:

Du entwickelst einen sichtbaren Bauchansatz .... *-10 Punkte*
Dito aber du trainierst um ihn los zu werden .... *+8 Punkte*
Du entwickelst einen sichtbaren Bauchansatz
und steigst um auf Hosenträger .... *-25 Punkte*
und trägst Hawaii-Hemden .... *-35 Punkte*
Du sagst, das macht nichts weil sie auch
einen Bauch hat .... *-800 Punkte*

4) Die ultimative Frage:

Sie: „Bin ich dick?" Du zögerst mit der Antwort ...... *-10 Punkte*
Du fragst: „Wo?" .... *-35 Punkte*
Jede andere Antwort .... *-20 Punkte*

5) Kommunikation:

Du hörst ihr zu und versuchst konzentriert
auszusehen .... *-10 Punkte*
über 30 Minuten .... *+5 Punkte*

über 30 Minuten wahrend einer Sportsendung
im Fernsehen.. +12 Punkte
Dito ohne ein einziges mal in die
Glotze zu sehen.. +100 Punkte
Dito aber sie merkt dass du eingeschlafen bist..... -200 Punkte

Nun ein kurzer Einblick in das Glücksbarometer:
(Achtung: Positive Punkte verfallen nach 2 Tagen,
negative Punkte verjähren nie!)

Punkte:

Das sagt das Glücksbarometer

< -100	**Du hast gar keine Beziehung mehr**
-100 bis -1	**Ein teures Geschenk muss her**
0 bis 10	**Chronische Migräne**
11 bis 15	**Du musst sie abends ausführen**
16 bis 20	**Du darfst sie abends ausführen**
21 bis 50	**Sex rückt in den Bereich des denkbaren**
51 bis 80	**Sex! (oder was sie dafür hält)**
> 80	**Beziehung futsch, weil sie mit so einem Weichei nicht glücklich sein kann**

Statistiken, die keiner wissen will

10 statistische Fakten, die du bestimmt nicht wissen willst:

1. In städtischen Schwimmbädern kommt man während einer Stunde Schwimmen in den Kontakt mit einem halben Liter Urin.

2. An einem durchschnittlichen Tag kommen deine Hände indirekt mit 15 Penissen in Kontakt (z.B. beim Berühren von Türgriffen etc.).

3. Die durchschnittliche jährliche Menge an Fastfood enthält 12 Schamhaare.

4. In einem Jahr verschluckst du 14 Insekten ... im Schlaf!

5. Pro Jahr schüttelst du die Hände von 11 Frauen, die gerade masturbiert und ihre Hände nicht gewaschen haben.

6. Pro Jahr schüttelst du die Hände von 6 Männern, die gerade onaniert und ihre Hände nicht gewaschen haben.

7. Während deines Lebens werden 22 fremde Menschen deinen Wäschekorb durchsuchen.

8. An einer durchschnittlichen Hochzeit beträgt die Chance sich eine Erkältung von einem der Gäste einzufangen 1:100.

9. Pro Tag atmest du einen Liter Darmgase anderer Menschen ein.

10. Wenn du eine Tüte Chips mit einem Freund / einer Freundin teilst, beträgt die Wahrscheinlichkeit 10%, dass du mit einer kleinen Menge Kot von deinem Freund / deiner Freundin in Kontakt kommst.

Und was lernen wir daraus?

Wir sollten unbedingt noch heute ins Schwimmbad gehen, kräftig ins Becken pissen, kurz bei McDonalds vorbeischauen.
Anschließend einen runterholen, dann mit einem Freund / einer Freundin verabreden und ihn / sie selbstverständlich mit Handschlag begrüßen.
Dann zusammen „Dirty Dancing" anzuschauen und die vorher besorgte Tüte Chips vernichten...